JN410516

즐거운 추방

나근희 시집

문학의전당 시인선
0321

즐거운 추방

나근희 시집

문학의전당

시인의 말

나는 항상 웃는다.

한여름 땡볕 내리쬐는 날에도
비바람 몰아치는 날에도
그저 웃는다.

모자라면 모자란 대로 그냥 좋고
넘치면 넘치는 대로 좋은,

그것이 내가
슬픔을 건너가는 방법이다.

좀처럼 말을 들어먹지 않는
내 시(詩)도
그랬으면 좋겠다.

2020년 4월
나근희

차례

제2부

제3부

제1부

붉은빛

강 상류에 다다른 연어가
가쁜 숨을 몰아쉬며 서서히 숨이 잦아들 때

붉은빛이, 물속에서, 올려다본다

살점을 다 털린 연어가 강물을 따라 떠내려간다
붉은빛이 그 뒤를 따른다

겨우내 흰 눈이 쌓이고 또 쌓인다

강은,
붉은빛을 감추려고
안으로 안으로 결박을 맨다

아무도 연어의 눈물을 보지 못한다

달다

까맣게 잘 익은 포도 한 송이
책상 한 켠 하얀 접시에 담겨 있다

포도 한 알을 따서 오물거려본다
입 안 가득 달큰한 육즙이 입술 가장자리까지 젖어든다

또 한 알 떼어 입에 문다
그러다 한 알 또 한 알

제자리를 지키며 서로 꼭 붙들고 있던 검붉은 포도송이
앙상한 뼈만 남은 가지가 되어버린다

접시 그대로 한 켠에 밀어둔다

푸릇하던 가지는 나날이 말라간다
검게 변한 가지가 밀어올린 파릇한 포도 한 알

젖꼭지만 한 게

악착같이 가지에 붙어 있다

딸아이가 빈 접시를 가져간다

언제 자랐는지 젖가슴이 봉긋해져 있다

그리움

홍시가
바람에도 떨어지지 않는 이유는
기다리는 새가
아직 오지 않았기 때문입니다

우화

할아버지,
할아버지가 살던 옛날에는
이 추운 겨울에
어떻게 차가운 물로 세수하고 씻고 그랬어?

으응!
그때는 사람들이 다 따뜻했어.

보라매 병원 정류장

이 병원은 새를 치료하지 않는다

태양이 내리쬐는 보도 위를 힘겹게 걸어오는 새의 눈동자가 풀려 있다
하얀 깃털에 묵은 때가 잔뜩 묻어 있다

정류장 케노피 아래 더운 열기를 들이마셨다가 뱉어내는
아버지를 흘끔 바라본다
아버지는 다리를 절며 한 발씩 힘겨운 걸음을 옮기고 있다

문득 버스를 타고 가다 앞서 걸어가는 아버지를 보았다
아버지는 걸어가다가 멍하니 서 있다가 가다가 멍하니 서 있기를 반복했다
아버지 등이 굽어 있다

장례식장에서 조문을 한다
죽음의 언저리를 서성이며 시간을 정지시킨다
나는 오늘 소풍을 가서 친구들과 깔깔거리며 고인돌 위를

뛰어다녔다

버스가 오고 이 자리를 떠난다

이 병원은 아버지를 치료하지 않는다

용대리 덕장

덕장을 떠나야지

용대리 칼바람 부는 언덕에서 돌아온 엄마는
말라비틀어진 황태 한 마리를 허리춤에서 내어놓으며
건조한 목소리로 말한다

겨울비가 내리면 일찍 돌아와 막걸리 한잔하고
마른 황태를 뜯으며 여자의 일생을 목에 겨워 불러댄다

그러다가

웃기지도 않은데 엄마는 입 벌린 황태처럼 하얗게 웃어댄다
그런 모습에 미간을 찌푸리다가 나는
무엇 때문에 엄마는 저렇게 웃어대나 생각해본다

황태는 추운 겨울 언덕에 서서
온몸으로 얼었다 녹았다 말랐다 비틀어졌다를 반복하면서

엄마를 웃겼을까

용대리 덕장에 비가 추적추적 내린다
엄마의 일생이 비와 함께 흘러내린다

이놈의 자식은 노가리
얼려서 말리면 황태
변덕스레 말리면 먹태
바싹 말리면 북어
코다리도 이름 불러줘야 서럽지 않지 엄마

남들은 말라서 떠나지만
나는 내가 알아서 말라간다

노랑나비

은행나무에 매달린 노랑나비들이
회양리 버스정류장에
우루루 몰려든다

그중 한 마리가
내 왼쪽 가슴께 호주머니로 살포시 내려앉는다

나는 기꺼이
왼쪽 심장을 내어준다

가슴이 뛴다

당신 덕분에
나는 아직 살아있다

물고기와 보름달

보름달 속에 하얀 물고기가 어른거린다
두 손 모아 뻗으면 물고기는 이내 달 속으로 사라져버린다

하얀 그림자를 따라 하늘 길을 거슬러 올라간다
천정(天頂) 깊숙한 곳에 열려 있는 달의 문

달 속으로 사라지는 물고기 그림자를 따라간다

물고기는 내 앞에 나타났다가 이내 사라진다
밤새 찾아 헤매다가 돌아서면 나타나고
두 손을 내밀면 다시 사라진다

하얀 달 속에 물고기가 나를 내려다본다

문 밖의 아이

닫혀 있던 녹슨 철문이 오늘은 살짝 열려 있다

담장 위 유리가 박혀 있고
마른 장미넝쿨이 자꾸 손짓을 하는 대문 앞

늘 기웃거리기만 하고
들어갈 수 없는

내 세상이 아닌
다른 세상이 있다는 걸 처음 알았다

언젠가 본 적 있는 소녀가 아직
살고 있을 것 같은,

이 세상 가장 화사한 봄날

그러나 나는
영원히 문 밖의 아이

대문이 살짝 열려 있어서
소녀의 숨결이 빠져나갔을 것만 같아서
더 두려운,

문 밖의 아이

열매도 아니고 꽃도 아닌

무화과는
무화과를 모르고

어린 동무는
어린 동무를 모르고

무화과 가지에 거꾸로 매달린 낮달은
불러줄 엄마도 없고

파란 하늘은
낮달을 잃어버린 줄도 모르고

무화과는
열매도 아니고 꽃도 아닌 시간을
잘도 견디고

나만 혼자
열매도 아니고 꽃도 아닌

낮달 아래 앉아

아이도 아니고
어른도 아닌 시절을 살고

찌르레기

바스크 이룬 길 위에 찌르레기 떼 날아오른다

새들도 국경을 넘어왔나

저물녘 하늘 가장자리
군무를 이뤄
한 마리 거대한 봉황이 되어 몰려다닌다

탕……

산탄이 되어 흩어지는 찌르레기들

국경을 돌아가는 게 차라리 나을 것이다

저 하늘 끝
새들의 분화구가 있는 아프리카 설산 속으로

사각의 성질 분석

핏방울은 서로를 잡아먹으며 동그랗게 커간다

나는 내가 어디로 튀어도 결국 동그라미 속에 갇혀 있음을 안다

핏방울은 모여도 동그라미

공간에서 구석으로 모이는 먼지도 사람도 핏방울처럼 동그랗게
뭉치는 것을 안다

네모 안에 동그라미를 본다

사각의 스크린, 사각의 책상, 사각의 책 속에
동그라미들이 작은 핏방울처럼 모여 굴러다닌다

백양

하얀 구름이 도시의 시계탑 빌딩 위에 가득할 때
마치 여우비가 살포시 내릴 것 같아

그런 기운이 서릴 때

산기슭 아래 도시의 언저리까지 내려와
나를 빤히 바라보다 언뜻 사라져버린다

무언지 모를 빽빽함이 그곳에 가득할 때
해방구처럼 내려오는데
나는 홀린 듯이 그곳에 가보곤 한다

하지만 좀처럼 모습을 드러내지 않아
내 주변에서 몰래 나를 지켜보는 것 같아

뒤돌아보면 없다

하얀 구름이 머리 위에 가득하여 하늘을 가린 날

나는 열병처럼 신열이 오르면 산기슭을 헤매다 지쳐 쓰러진 몸으로
흰빛에 이끌려 내려온다

저만치 떨어져 나를 물끄러미 보는 듯하다가
이내 사라져버리는
흰빛

고수

상승기류에서
독수리는 날갯짓을 하지 않는다

단지
공중에 머물 뿐

비상(飛翔)을 위해
날개를 펼치지 않는다

고수 2

연어가
폭포를 뛰어넘고
다시 강을 거슬러 오르는 이유는
자신의 본능을 믿기 때문이다

일상이라는 문

102호 푸른 옷을 입고
302호 문을 연다, 손을 내밀어 우유 통을 집어 들고 문을 닫는다

102호 다시 인터넷을 하고
302호 다시 텔레비전을 본다

1004호 아이가 운다, 출근하는 엄마는 어찌할 줄 모르고

아이는 계속 운다

크고 서툰 목소리가 확성기를 빠져나온다
—어제 화단에 남편을 버리신 분 지금 찾아가세요

집비둘기 혼자 꾸벅 존다

102호 푸른 옷을 벗고
302호 문을 열고

1004호 아이는 울음을 그치지 않고
출근 시간을 놓친 엄마는 아이를 안고서 등을 토닥인다
벽시계 초침이 토닥토닥 리듬에 맞춰 째깍
또 째깍

102호 환자분 3번 주사실로 들어오세요
하얀 가운을 입은 젊은 여자가 문을 열고 미소 짓는다
그리고 문을 닫는다

아이러니

바위 작은 구멍 깊숙이
대추나무가 뿌리를 내렸다

뿌리가 바위를 먹었다
뿌리가 세월을 먹었다

뿌리에 집중하느라
열매 맺는 걸 잊었다

잊는 줄도 몰랐다

갈라진 바위 틈새로
민들레만 홀로
꽃을 피웠다

제2부

해바라기

너는
내가 죽은 후에도 끝없이 그리울 사람을 위해
지상에 뿌려놓은
별

파수(把守)

밤 깊은 골짝을 지날 때

검은 고양이가 땡땡나무 가지에 엎드려
밤하늘을 보고 있다

나는 밤을 긴장하고
고양이는 나를 긴장하고

바스락거리는 소리 하나 없어
우리는 서로 소스라치며 뒷걸음치다가
슬금슬금 돌아온다

서로 고정된 자리에서
경계를 지키며

검은 고양이의 푸른 눈동자
어둠 속으로 빨려들어 간다

그믐달이

남은 심지를 태우며 나를 지켜본다

묵화

눈 내리는 한낮
마루에 앉아 아내와 점심을 먹는다

눈 모락모락
김 모락모락

따순 밥 위에 묵은 김치 쭈욱 찢어 얹고

눈이 곱다고
손이 곱다고

눈빛 송이송이
손길 송이송이 주고받으며

북천

또 다른 별에 살러 가는데

눈물별만 보이고

상가(喪家) 밖 승냥이가 속절없이 울어댄다

이 별에서 빨간 불 하나 꺼지면
다른 별에 파란 불 하나 켜지겠지요

마을 밖 늙은 장의사는
홍등 밝혀놓고
어서 오세요
오늘도 손님을 맞는다

흰빛

자작나무 숲속을 거닐었지요

자작나무 흰빛이
내 마음속으로 옮겨 붙었지요

자작자작
작은 바람에도 당신은 소스라쳐
곁을 내어 달라 했지요

가만가만 걸어가는데도
당신은 자꾸만 바스락거리고

내 마음속 흰빛이
당신 마음속에 옮겨 붙었지요

오직
흰빛만이
전부

말은 했으나
무슨 말을 했는지 생각나지 않아요

당신의 흰 손만
오래
내 손에 남아 있었지요

점멸

횡단보도 앞
노란 우산 쓴 女子

푸른 신호등은 점멸하는데
그대로 서 있다

깜박깜박
무엇을 잊으셨나

사람들은 바삐 횡단하고
신호등은 점멸 지나 소멸로 가는데

왔던 길을 되돌아가는 女子

노란 우산 속으로
깜박깜박
비가 들이친다

목련

젖무덤같이 따스한 꽃봉오리 맺혔다고
해맑은 미소로
아내가 나를 부른다

잠시뿐이라고
얼마 남지 않았다고

반반 카페

카페 女子가 사라졌을 때
반반이 무엇일까를 곰곰이 생각해보았다

女子의 푸념과 마주앉아 있는 탁자가 가장 먼저 낯설어진다
女子의 말투, 행동은 만날 때마다 낯설다

나는 얼마나 더 길들여져야 했을까

환상과 현실 사이를 하룻밤 사이에 몇 번이나 넘나들었던 걸까
카페 女子는 막 익으려 하는 복숭아 같았다

반은 알 것 같고
반은 알지 못할 것이다

오늘 죽을지 내일 살아 있을지 모르는 기이한 일상에 길들여져야 한다

언제라도 떠날 준비가 되어 있어야 한다

눈동자의 반은
늘 남겨둬야 한다

반반이 무뎌지면
女子도 무뎌진다

열매의 이소

플라타너스 열매 하나가
머리 위로
툭, 떨어진다

올려다보니
별만큼이나 셀 수 없이 많은 열매들이
잎사귀 사이 사이에
매달려 있다

아무리 숨어서 자란 열매라도
떠날 때를 안다

그래서
실례를 무릅쓰고
내 머리통을 빌린 것이다

묵시

패랭이꽃이
바닥을 향해 피어 있다

겸손이란 그런 것,

화려한 꽃 피워놓고도
화려한 줄 모르고

낮은 데로 임하는 것

오아시스

무화과 마른 잎사귀 타는 모닥불 위
별들이 푸르고 따스하다

무화과 깊은 속살처럼
불에서 단내가 난다

사막을 건너간 낙타가
이 불빛을 보고, 이 단내를 맡고
무사히 돌아올 것이다

살기 위해

헐벗기 위해 누군가를 만나야 해

벗다가 죽어버릴지라도
악어가죽보다 두꺼운 허물을 벗어야 해

모든 것이 드러나고 심장이 아파올 때
비로소 허물은 빛이 나

그 빛을 가슴에 품고
영원을 살아야 해

살기 위해 살아야 해

마네킹

모든 인간적인 것을 버리고
떨치고 나가자

또각 또각 또각

마천루 아래 화려한 네온사인을 받으며
이국의 낯선 언어로
말을 하자

또박 또박
또박

가면을 벗고
표정을 벗고
감정을 벗고

모든 상투적인 것을 버리고
모든 가식적인 것을 버리고

모든 인간적인 것을 버리고

어깨를 펴고
떨치고 나가자

또각 또각 또각

연민

남산 도서관 입구
까투리 한 마리와 장끼 한 마리가
향나무 아래서 부슬부슬 비를 맞다가
구구 모이를 주워 먹는
산비둘기 틈에 끼여 먹이다툼을 한다
사람이 가까이 다가가도 달아나지 않는다
거기가 지옥인 줄도 모르고

연리지

달 뜨거든

붉은 달 솟아오르거든

숨어서 우는 개똥지빠귀야

날아

멀리 날아 알려주렴

이산(離散)의 슬픔

모두 잊었다고

세 번의 뜨거움과 한 번의 따분함

나에게 시간이 얼마 없어

그녀의 주술은 끝날 때까지 끝난 게 아니다
나의 촉각은 온통 그녀에게 갇혀버린다

남은 시간 내내 영화를 보자
나는 그녀의 말을 거부할 수 없어 영화관으로 향한다
에로, SF, 액션—
세 편의 영화가 내 머릿속에 뒤죽박죽 엉켰을 때
느닷없이
서점에 가자

나는 그녀를 따라 종로 뒷골목 낡은 서점을 향해 걸어간다

날 만나면 심장이 뛰니?

어떻게 대답을 할까
책장을 넘기면 심장 대신 활자가 움직여

세 번의 뜨거움과 한 번의 따분함을 넘어
그녀의 날들이 간다

그 쓸쓸함을 다 걸어야 한다

시뻘건 벽돌 쌓아올린 앞산 언덕을 내려가다 보면 화장터 건물 굴뚝에서 매캐한 연기가 피어오른다 다 발라먹고 뼈만 남은 건물 사이로 어울리지 않게 햇빛 눈부실 때 재를 뒤집어 쓴 노란 수선화가 눈에 띄었다

화장터 건물 지나
노란 수선화 지나

그 쓸쓸함을 다 걸어야 한다

제3부

강의실 A

임신은 거룩한 것이라고 비아냥거리는
교수의 혀

뱀의 혀가 지도하는
뱀의 강의실

속이 메스껍다

내 입속으로 비집고 들어오는
뱀의 혀

강의실을 박차고 나간다

뱀의 허물이
끈질기게 뒤를 따른다

갈구

엄마는
마을 밖 철길을 절대 넘지 말라고 하였다

기차가 지나간 뒤
철길 옆에 핀 꽃이 왜 더 붉은지
엄마 노래에선 왜 늘 철분 냄새가 났는지

아무런 설명도 없이

엄마는
절대 기찻길을 따라 가지 말라고 하였다

그것이 얼마나 큰 목마름이었는지
굴레였는지

결국 잊히고, 잊혀
나 자신마저 잊히고야 마는

세상에서 가장 질긴 탯줄을 끊어 버릴 때
나의 석양은 유독 붉었다

그럼에도 불구하고
여전히 채워지지 않는 갈구

호박죽을 쑤며

잘했다 썩을 놈

시골에서 올라온 엄마가 두고 간 늙은 호박
방구석에 틀어박혀 좀처럼 눈에 띄지 않다가
뒤늦은 엄마의 전화를 받고서야
배를 가른다

숟가락으로 속을 파내어 호박죽을 끓인다

부글부글
잘도 끓는다

엄마 속이
썩어문드러지는 소리 같다

모란

빈 들 가득 붉게 물들여놓고

가시렵니까

마른 들판에

노을이 다 타도록 가시렵니까

눈시울 붉히며

당신 떠난 자리에 가만히 서 있으렵니다

껍데기라 부른다

나는 너에게 사랑이라 하고
너는 나를 껍데기라 부른다

너의 호흡이 거칠어질 때
껍데기는 바람도 없이
날개를 파닥이며 네게로 간다

불길을 모르고 날아든 불나비처럼
너의 깊은 곳으로 날아든다

벗어나고 싶지만
벗어날 수 없는

너의 뜨거운 열정 속으로 빨려들어 간다
발버둥 칠수록 나를 마비시키는

밤마다 나의 껍데기를 태운다

아침마다 쓰러져 있는
나의 껍데기를 쓸어다 박제를 한다

파랑새

그날 밤 나는
솟대를 두고 마을을 떠나왔다

끝까지 함께하자는 약속
지키지 못했다

내가 떠난 자리에서
솟대는 날마다 달을 보고 울었다

그렇게 울다가, 점점 야위어가다가,
점점 투명해지다가
몸에서 깃털이 돋아나는 걸 느꼈다

그리고 어느 바람 몹시 불던 날
새가 되어 어디론가 떠났다

마을 사람들 누구도
솟대가 떠나간 것을 알아채지 못했다

끝까지 함께하자는 약속만
평생 따라다녔다

허물 벗어던진 콩

비좁다 비집고 올라간다
아우성 가득한 대가리를 치받으며 기어오른다

꼿꼿이 선 콩대가리
고개를 쳐든다

살아야지
살아야지

아무것도 아닌 것을
아무것도 아닌 것이 아니게

세상 치받고
살아야지

빨간 등대

빨간 등대가 우는 소리를 들었다고 하였다

섬과 섬 사이
방파제

비바람 거센 날
온몸이 젖은 채 바다에서 끌려나온 사내만
그곳이 갯벌이었음을 안다

어디로 가자고
어디로 가라고 말하지 않는

한 번도 등불을 비추지 않은
한 번도 등불이 켜진 것을 본 적이 없는

빨간 등대가 있는 오이도에 간다

너의 기울기

비가 기울어져 내리는 것은
한 치라도 더 너에게 다가가려는 몸짓

너의 기다란 목은 점점 나에게 기울어져 온다

너는 끊임없이 기울어져 왔으나 흔들림 하나 없이 꼿꼿하다

네가 기울어져 있을 때
스며 나오는 순간의 서늘함
그것은 비
비보다 차가운 너의 몸짓

비를 맞으며 눈을 감고 너를 가늠해본다

암벽을 치오르는 빗줄기처럼
너는 기울어진 몸으로 중심을 잡고 서 있다

끝없는 사선

비는 그치고

너와 나는 태양을 향해 같은 기울기로 걸어가고 있다

그림자

너의 모습
보일 듯 보이지 않는

나에게만 보여서 좋은

너에게 간다

아무에게나
보여주지 않는

초조해질 때 먹먹해질 때

해를 본다

시커멓게 그을리며
이글거리는

뜬금없이

하루에도 몇 번이나 외로워진다

태양빛이 이글거리는 쪽마루에 누워 있을 때
하얀 보름달이 덩그러니 처마 끝에 걸려 있을 때
별이 밤하늘을 가득 채우고 있을 때

뜬금없이 외로워진다

열심히 사는 것의 끝은 무엇일까
남아 있는 날들은 얼마나 될까

하루에도 몇 번씩 내게 물어본다

포도 씨

대장 내벽에 불쑥 튀어나온 검은 혹을
내시경을 움직이며 들여다보고 있던 의사가

포도 씨네
먹지 말라 했는데……

수면에서 막 깨어나 병원 문을 빠져나오도록
몸속 포도 씨가 눈에 박혀 있다

포도 씨는

아랫집 녹슨 양철 지붕 아래
마당을 기어 나와 포도나무가 되고

탐스런 포도알을 따먹고서
선악을 구분 짓는 천형을 짊어지고 자랄 것이고

아무 구별 없는 시대부터 살아온

포도 씨

기형으로 자라 두 번째 수술을 당하기 전에
산속으로 들어갈까
포도나무가 자랄 때까지 만이라도

악몽

바람이 심하게 부는 날이면

어김없이 빨새가 날아온다

긴장을 조금만 풀면

새는 나에게 기다란 빨대를 들이댄다

빨대를 꽂았던 자리 시원한 아픔이 쓸려 온다

혀를 낼름거리며 남김없이 핥아댄다

제발 뱀처럼 낼름거리지만 말아줘

긴 혀를 견딜 수가 없어

좁은 구멍을 비집고 기어 들어오는 구멍을

뚫어지게 노려본다

빨새는 매일 매일 내가 살아갈 정도만 빨아댄다

멀어서 좋은 먼 길

새벽 첫차가 들어오면
나의 일상도 기차와 함께 기적(汽笛)을 울린다

어둠 속 레일을 따라
내가 가야 할 길이 희미한 빛 속에 어른거린다

기적 소리가
내 맥박을 힘차게 때린다

멀어서 좋은 먼 길이
나에게 있다

한순간

커피 한 잔 함께한 시간을
한순간이라고 하자

부슬비 내려앉던 그 오후를
한순간이라고 하자

물기 머금은 그녀 입술 바라보다가
내 입술 젖어오고

온몸을 휘감고 기어 올라오던
그 진한 커피 향을

한순간이었다고 하자

즐거운 추방

빨리 행성에나 가버려
아내가 잔소리 끝에 내뱉는 말

다 약해져서
제발 멸치 좀 딱딱하지 않게 볶아 달라고
이빨이 아프다고 했더니

아내는
꼭 횡성 발음을 행성으로
혀 짧은 소리를 한다

내가 다니는 횡성 골짜기는
그다지 아름답지도 멋지지도 않고
물이라도 찔끔 흐르는 도랑 하나 없지만

그래도
나는 기어이 간다

황량한 행성에 홀로 떨어져 있는 횡성으로
나는 오늘도
추방된다

폭설

새벽부터 눈을 쓸다가 경비실 의자에 몸을 기댄다 라면을 끓이는 늙은 경비원 손등이 소나무 껍질처럼 거칠다 팔목에 달린 솔방울만 한 혹이 냄비 손잡이에 닿을 때마다 움찔거린다 낡은 라디오는 지직거리고 끓어오르는 냄비 뚜껑이 쉼 없이 달그락거린다

폭설이 쌓여 휘어진 소나무 가지보다
냄비를 들어 올리는 경비원 김 씨의 허리가 더 휘었다

해설

슬픔을 건너는 방법

고영 시인

1.

시를 정의하는 오래된 비유 중에 '걸음걸이'와 관련한 것이 있다. 보행(步行)과 춤의 차이를 통해 시를 설명하는 것이다. 일반적으로 '보행'은 걷는 것 외에 다른 목적을 갖고 있으며 방향이 뚜렷하다. 그렇기 때문에 직선을 선호하고 가장 짧은 거리, 가장 적은 시간 안에 목적을 이루려는 방법을 무의식중에 선택한다. 반면에 '춤'은 움직임 자체가 목적이고 결과이기 때문에 방향은 무시된다. 앞으로만 가는 게 아니라 뒤로도 옆으로도 심지어 공중으로 뛰어오르기도 한다. 당연히 곡선을 우선하게 되고 거리나 시간은 자연스럽게 확장되거나 축소된다. 춤에는 무단횡단이 없고, 보행에는 도약(跳躍)이 없다. 이 비유에 따르면 시인은 춤꾼이다. 그런데 춤은 아무 데서나 추는 것이 아니다. 마당(場)이 열려야 하는데, 현대 시인은 특정한 장소와 특별한 시간을 무시하는 경향이 있다. 그래서 현대 시인은 아무 때나 거리에서 춤을 추는 존재로 정의할 수 있다. 다른 말로는 '산책자'라고 부르기도 한다.

나근희 시인은 이제 막 탐색을 시작한 초보 산책자다. 범주를 넓혀 문학에 대한 자세나 작가적 역량에서 초보일 리 만무하지만 시를 구상하고 형상화하고 육화(肉化)를 거쳐 무화(無化)에 이르기까지는 불가피하게 초보가 되어야 한다. 이 '초보'의 자세는 시인의 보편적 자질이라 할 수 있겠지만 실천은 늘 충분하지 못한 것 또한 사실이다.

까맣게 잘 익은 포도 한 송이
책상 한 켠 하얀 접시에 담겨 있다

포도 한 알을 따서 오물거려본다
입 안 가득 달큰한 육즙이 입술 가장자리까지 젖어든다

또 한 알 떼어 입에 문다
그러다 한 알 또 한 알

제자리를 지키며 서로 꼭 붙들고 있던 검붉은 포도송이
앙상한 뼈만 남은 가지가 되어버린다

접시 그대로 한 켠에 밀어둔다

푸릇하던 가지는 나날이 말라간다
검게 변한 가지가 밀어올린 파릇한 포도 한 알

쭈꾸지만 한 게
악착같이 가지에 붙어 있다

딸아이가 빈 접시를 가져간다

언제 자랐는지 젖가슴이 봉긋해져 있다

—「달다」 전문

인용한 작품의 계기는 먼저 '우연성'에 있다. 물론 가족 중 누군가가 먹어보라고 시인에게 전달한 것임을 간단하게 유추할 수 있지만, 시는 전달받은 그 순간에 시작하지 않는다. '책상 한 켠'은 접시가 놓인 장소이면서 동시에 일정 기간의 경과를 다 함축한다. 당장 식욕이 동하지 않는 음식(과일)을 바로 눈앞에 두고 다른 일에 몰두하는 것은 자연스럽지 않기 때문이다. 그런데 문득 어쩌면 '까맣게 잘 익은 포도'와 '하얀 접시'의 대비가 우연히 시인의 시선에 포착된다. 시선에 포착된 대상은 사물로서의 자기 구도를 벗어나 무의식중에 욕망의 대상으로 바뀐다. 그러므로 "포도 한 알을 따서 오물거려"보는 육체의 접촉이 일어난다. 껍질이 터진 포도의 과육과 입 안의 감각이 상호 교접을 통해 교감을 이뤄내기 시작하는 것이다.

이 작품은 우연한 계기를 형상화하는 방법의 전형성을 잘 보여준다. 이 경우에는 무조건 일단 시의 의미를 감각(sense)적 의미에 한정해서 풍부하게 채울 필요가 있다. 2행인 "포도 한 알을 따서 오물거려본다/입 안 가득 달큰한 육즙이 입술 가장자리까지 젖어든다"는 바로 이 감각이 가득 차오르는 상황을 정확하게 표현하고 있다. 다음으로는 행위의 서사가 뒤따른다. 3~5연은 바로 그런 과정을 군더더기 없이 보여준다. 이 생략 때문에 필요 이상의 연 갈이마저 과도하게 느껴지지 않는다. 대체로 감각적 의미와 행위 뒤에는 문법적 의미(meaning)가 형성된다. 6연은 이 의미를 구체화한다. "푸릇하던 가지는 나날이 말라간다/검게 변한 가지가 밀어올린 파릇한 포도 한 알"은 앞의 '까만 포도송이/하얀 접시'의 대비와는 성질이 다르다. 이건 시선에 포착된 사물의 감각적 대비 이상이 될 수 없지만, '나날이 말라가는 가지/(그 가지가 밀어올린) 파릇한 포도 한 알'의 대비는 감각의 이면, 언어의 표면적 의미 이상을 지시한다. 어쩌면 추상적 의미를 상기할 수도 있겠다.

이 6연은 또한 문법(혹은 맥락)적 의미를 통과해 시적 의미를 구체적으로 형상화하는 데 징검돌 같은 역할을 한다. "딸

아이가 빈 접시를 가져간다//언제 자랐는지 젖가슴이 봉긋해져 있다"는 언뜻 보기에는 작품 전체의 진술과는 무관해 보인다. 하지만 앞에서 찾아낸 '생기의 전환, 희생' 등의 의미를 대입하면 해석의 지평은 다른 층위에서 무한히 열린다.

인용 작품 한 편을 좀 길게 살펴봤지만 여전히 의문 하나가 남는다. 나근희 시인은 왜 이 시의 제목을 '달다'라고 했을까. '시인의 말'에서 약간의 힌트를 얻을 수 있다. "나는 항상 웃는다.//한여름 땡볕 내리쬐는 날에도/비바람 몰아치는 날에도/그저 웃는다.//모자라면 모자란 대로 그냥 좋고/넘치면 넘치는 대로 좋은,//그것이 내가/슬픔을 건너가는 방법이다." 라고 밝히고 있으니, '달다'는 "모자라면 모자란 대로 그냥 좋고/넘치면 넘치는 대로 좋"다는 자세의 감각적 표현일 것이다.

이렇게 읽고 보니 나근희 시인은 비관보다는 긍정성에 더 강한 흡인력을 발휘하는 것 같은데 어쨌든 시인은 '슬픔을 건너가는 방법'을 말하고 있다. 그래서 슬픔의 정체를 살짝살짝 들춰보면서 슬픔을 건너가는 방법을 양 갈래로 묶어 살펴볼 요량이다. 모자라면 모자라는 대로 넘치면 넘치는 대로, 이 글에 대한 '달다'는 찬사는 염두에 두지 않을 것이다.

2.

시인은 언제 슬픔과 대면하는가, 이 질문은 '사람은 언제 슬퍼지나'와는 완전히 다른 의미다. 후자는 '슬프다'라는 감정의 원인, 배경에 주목하는 질문이지만, 전자는 일종의 한계상황 앞에서의 자세나 태도, 존재의 각성 등을 문제 삼는다.

나근희 시인이 슬픔과 대면하게 되는 계기는 직접적으로 자기 정체성에 대한 근본적인 회의, 또는 부정적인 판단에서 비롯하는 것으로 보인다.

무화과는
무화과를 모르고

어린 동무는
어린 동무를 모르고

무화과 가지에 거꾸로 매달린 낮달은
불러줄 엄마도 없고

파란 하늘은
낮달을 잃어버린 줄도 모르고

무화과는
열매도 아니고 꽃도 아닌 시간을

잘도 견디고

나만 혼자
열매도 아니고 꽃도 아닌
낮달 아래 앉아

아이도 아니고
어른도 아닌 시절을 살고

―「열매도 아니고 꽃도 아닌」 전문

이 부정법, "열매도 아니고 꽃도 아닌"은 없음을 지시하지 않는다. 오히려 확실히 존재하지만 정체가 명확하게 드러나지 않은, 또는 자기규정이 불충분한 상태를 지칭한다. 1~2연, "무화과는/무화과를 모르고"와 "어린 동무는/어린 동무를 모르고"는 같은 수법의 반복이지만 강조의 느낌보다는 어딘가 과장의 뉘앙스를 풍긴다. 이 시에서 시인이 정말 주목하는 대상은 "무화과 가지에 거꾸로 매달린 낮달"이지만 더 정확하게는 "불러줄 엄마도 없"는 낮달이고, "파란 하늘은/낮달을 잃어버린 줄도 모르"는 상황이다. 낮달의 절박함과 파란 하늘의 무심함이 대비되면서 이 시는 고립이나 소외의 감정을 넘어 "열매도 아니고 꽃도 아닌 시간을/잘도 견디"는 무화과에 집중하게 된다.

시선의 이동은 자연스럽게 시상의 발전으로 연결된다. '낮달→ 파란 하늘의 낮달→ 무화과 가지→ (그 가지에 걸린 낮달) 아래 앉은 (혼자인) 나'의 변화는 낮아지는 것이면서 동시에 깊어지는 것이다. 열매도 아니고 꽃도 아닌 시간을 견디는 무화과 가지에 걸림으로써 낮달은 파란 하늘이라는 배경을 잃는다. 이 잃음은 '엄마를 잃음' 혹은 '엄마가 나를 잊었음을 잃음'이다. 낮달 아래 앉아 있는 나, 즉 자신을 발견함으로써 시인은 고립이나 소외를 지나 정체(停滯)된 자기 정체성을 확인한다. 그러므로 "아이도 아니고/어른도 아닌 시절"은 끝없이 지속되거나 변형되어 되돌아온다.

닫혀 있던 녹슨 철문이 오늘은 살짝 열려 있다

담장 위 유리가 박혀 있고
마른 장미넝쿨이 자꾸 손짓을 하는 대문 앞

늘 기웃거리기만 하고
들어갈 수 없는

내 세상이 아닌
다른 세상이 있다는 걸 처음 알았다

언젠가 본 적 있는 소녀가 아직
살고 있을 것 같은,

이 세상 가장 화사한 봄날

그러나 나는
영원히 문 밖의 아이

대문이 살짝 열려 있어서
소녀의 숨결이 빠져나갔을 것만 같아서
더 두려운,

문 밖의 아이

—「문 밖의 아이」 전문

시인은 「문 밖의 아이」에서 이 정체된 정체성의 원인 하나를 슬쩍 내비친다. "닫혀 있던 녹슨 철문이 오늘은 살짝 열려 있다"는 것은 처음에는 모든 가능성이 원천 봉쇄된 막막한 상황이 아니었다는 것을 드러낸다. 기회가 '살짝 열려' 있었던 것이다. 하지만 시인은 '마른 장미넝쿨'의 손짓에도 불구하고 담장 위에 박힌 깨진 '유리'들의 위압감 때문인지 "늘 기웃거리기만 하고" 쉽사리 들어서지 못한다. 그리고는 "내 세상이 아닌/다른 세상이 있다는 걸 처음 알았다"고 탄식한다. "언젠가 본 적 있는 소녀가 아직/살고 있을 것 같은" 그 대문 안에 들어서기만 한다면 살짝 열려 있던 기회는 다른 가능성으로 가지를 뻗어 나름의 이야기를 완성했을지도 모른다. 하지만 시인은 "나는/영원히 문 밖의 아이"라고 스스로를 규정한다. 나아가 살짝 열린 기회마저 "대문이 살짝 열려 있어서/소녀의 숨결이 빠져나갔을 것만 같아서/더 두려운" 상실의 조짐으로 읽고 만다. 이유는 아직 불분명하지만 이렇게 시인은 또 하나의 슬픈 결절을 자신의 영혼에 새긴다.

이 지상에서 '슬픔을 건너는 방법'을 생각하려면 먼저 슬픔의 원인에 대해 잠시라도 생각해보아야 한다. 물론 그 원인에는 생래적인 것도 있고 후천적인 것도 있으며 환경과 학습에 의해 그 원인들이 강화되기도 하고 영향력이 없어지기도 한다. 생리와 환경, 이 둘을 모두 포함하는 범주로는 가족이 가장 강한 단위가 된다. 나근희 시인도 가족(자신이 주체적으로 형성한 것이 아닌)의 영향, 불가피하게 영향을 받을 수밖에 없었던 부모를 대상으로 한 몇 편의 작품을 통해 시인의 슬픔의 연원을 언뜻 내비친다.

이 병원은 새를 치료하지 않는다

태양이 내리쬐는 보도 위를 힘겹게 걸어오는 새의 눈

동자가 풀려 있다
하얀 깃털에 묵은 때가 잔뜩 묻어 있다

정류장 케노피 아래 더운 열기를 들이마셨다가 뱉어내는
아버지를 흘끔 바라본다
아버지는 다리를 절며 한 발씩 힘겨운 걸음을 옮기고 있다

문득 버스를 타고 가다 앞서 걸어가는 아버지를 보았다
아버지는 걸어가다가 멍하니 서 있다가 가다가 멍하니 서 있기를 반복했다
아버지 등이 굽어 있다

장례식장에서 조문을 한다
죽음의 언저리를 서성이며 시간을 정지시킨다
나는 오늘 소풍을 가서 친구들과 깔깔거리며 고인돌 위를 뛰어다녔다

버스가 오고 이 자리를 떠난다

이 병원은 아버지를 치료하지 않는다

—「보라매 병원 정류장」 전문

아버지가 등장하는 「보라매 병원 정류장」은 도입부의 "이 병원은 새를 치료하지 않는다"와 결구의 "이 병원은 아버지를 치료하지 않는다" 사이에 시적 서사가 갇혀 있다. 시인은 하늘의 족속임에도 때 절은 날개를 가지고 지상을 배회하는 '새'를 보다가, 우연히 '정류장 케노피 아래' 아버지를 발견한다. "다리를 절며 한 발씩 힘겨운 걸음을 옮기"는 아버지를 "흘끔 바라본다" 이때 '흘끔'은 발견의 순간이기도 하고, 각성의 순간이 되기도 한다. 시인은 이미 알고 있다. 하늘의 족속인 새를 지상의 병을 다루는 병원, 그 병원의 이름이 아무리 '보라매'일지라도 고쳐줄 수 없다는 것을. 이 작품에서 새는 아버지를 치환하는 상징이 된다.

덕장을 떠나야지

용대리 칼바람 부는 언덕에서 돌아온 엄마는
말라비틀어진 황태 한 마리를 허리춤에서 내어놓으며
건조한 목소리로 말한다

겨울비가 내리면 일찍 돌아와 막걸리 한잔하고
마른 황태를 뜯으며 여자의 일생을 목에 겨워 불러댄다

그러다가

웃기지도 않은데 엄마는 입 벌린 황태처럼 하얗게 웃어댄다
그런 모습에 미간을 찌푸리다가 나는
무엇 때문에 엄마는 저렇게 웃어대나 생각해본다

황태는 추운 겨울 언덕에 서서
온몸으로 얼었다 녹았다 말랐다 비틀어졌다를 반복하면서
엄마를 웃겼을까

용대리 덕장에 비가 추적추적 내린다
엄마의 일생이 비와 함께 흘러내린다

이놈의 자식은 노가리
얼려서 말리면 황태
변덕스레 말리면 먹태
바싹 말리면 북어
코다리도 이름 불러줘야 서럽지 않지 엄마

남들은 말라서 떠나지만

나는 내가 알아서 말라간다

—「용대리 덕장」 전문

반면에 어머니가 등장하는 「용대리 덕장」은 "덕장을 떠나야지"라는 시적 화자의 방백(傍白)으로 시작한다. '보라매 병원 정류장'이 시인과 아버지 사이의 시선을 통한 행위라면 이 작품은 철저하게 일인극이 되고 만다. 시인은 "웃기지도 않은데 엄마는 입 벌린 황태처럼 하얗게 웃어댄다"고 상황을 판단하고 "무엇 때문에 엄마는 저렇게 웃어대나 생각해"볼 뿐이다. 즉, 엄마가 부르는 '여자의 일생'이 시인에게는 덕장에 걸린 황태의 웃음만큼이나 낯설다. 이 작품에서 황태는 어머니가 대체하는 상징으로 드러난다.

이렇게 읽다 보니 나근희 시인은 이미 무수한 상징들 속에서 단지 자신의 계열을 확정하지 않았거나 상징들의 가깝고 먼 배치를 제대로 조정하지 않은 상태에 머물러 있을지도 모른다는 생각이 든다. 시인의 정체된 정체성을 드러내는 겉모습이 그렇다는 것이다.

3.

슬픔을 건너는 방법으로 '이월(移越)과 초월(超越)' 두 가지를 생각해보았다. 이번 시집에 수록한 나근희 시인의 작품들은 당연히 교집합 부분도 많지만, 첫 시집이기에 시적 지향을 강화해야 한다는 점에서 비약을 무릅쓰고 갈래를 지어보았다.

이월(移越)은 지연이나 연기, 혹은 판단 중지의 자세라 할 수 있다. 여기서 지금 무엇을 판단하고 의미를 부여하고 가치를 매기고 위상을 결정하는 것이 아니라 일어나는 현상, 아니 빚어지는 형태 그대로 당분간 놓아두는 것이다.

할아버지,
할아버지가 살던 옛날에는
이 추운 겨울에
어떻게 차가운 물로 세수하고 씻고 그랬어?

으응!
그때는 사람들이 다 따뜻했어.

—「우화」 전문

이 작품은 표제 그대로 '우화'다. 시의 수법인 '우화(寓話)'나 '풍유법(諷喩法)' 등은 굳이 생각하지 않아도 된다. 다만 중요한 점은 할아버지가 손자에게 건네는 "그때는 사람들이 다 따뜻했어."라는 판단이다. 형태는 과거형이지만 이런 판단은 오랜 생각, 신념처럼 굳어진 자기 판단을 전제해야만 가능한

표현이다. 일종의 이런 시인의 자긍은 다른 작품에서도 확인할 수 있다. 은행나무에 매달렸던 노랑나비 떼 중에 하나가 시인에게 날아왔을 때, "나는 기꺼이/왼쪽 심장을 내어준다(…)//당신 덕분에/나는 아직 살아있다"(「노랑나비」)고 선언하기도 하고, "너는/내가 죽은 후에도 끝없이 그리울 사람을 위해/지상에 뿌려놓은/별"(「해바라기」)을 보았다고도 한다.

이렇게 보고 발견하고 허락한다는 것은 "모자라면 모자란 대로/넘치면 넘치는 대로"라는 시인의 '웃음'의 비결을 함축한다. 하지만 슬픔을 건너는 방법으로 지금 이 순간을 판단하지 않는 자세의 백미(白眉)는 다음 작품이다.

> 눈 내리는 한낮
> 마루에 앉아 아내와 점심을 먹는다
>
> 눈 모락모락
> 김 모락모락
>
> 따순 밥 위에 묵은 김치 쭈욱 찢어 얹고
>
> 눈이 곱다고
> 손이 곱다고

눈빛 송이송이
손길 송이송이 주고받으며

—「묵화」 전문

마치 정지화면처럼 형상화된 이 작품을 생기 있게 하는 시어는 '따순'과 '쭈욱'이다. 이 두 형용사는 '아내와의 점심'을 정감어린 삶의 궁극이라 상상하게도 하지만, 곧이어 다른 작품을 불러일으키는 계기가 되기도 한다.

빨리 행성에나 가버려
아내가 잔소리 끝에 내뱉는 말

다 약해져서
제발 멸치 좀 딱딱하지 않게 볶아 달라고
이빨이 아프다고 했더니

아내는
꼭 횡성 발음을 행성으로
혀 짧은 소리를 한다

내가 다니는 횡성 골짜기는
그다지 아름답지도 멋지지도 않고

물이라도 찔끔 흐르는 도랑 하나 없지만

그래도
나는 기어이 간다

황량한 행성에 홀로 떨어져 있는 횡성으로
나는 오늘도
추방된다

—「즐거운 추방」 전문

슬픔을 건너가는 두 번째 방법은 초월(超越)하는 것이다. 아내의 잔소리가 지겨워 '횡성 골짜기'나 '먼 별'로 추방되는 것도 초월이다. 초월한다는 것은 '여기'를 벗어던지거나 '저기'에 머무는 것만을 의미하진 않는다. 그것은 끊임없는 이동과 어쩌면 윤회(輪回)하는 것인지도 모른다.

앞의 인용 작품에서 시인은 '추방'의 이유를 밝힌다. "다 약해져서/제발 멸치 좀 딱딱하지 않게 볶아 달라고/이빨이 아프다고" 징징댄 것이다. 세월의 무게에 눌려 자신의 취약점을 드러낼 수밖에 없는 몸을 어쩔 것인가. 하지만 추방을 명령하는 아내도 '횡성'을 '행성'으로 자꾸 발음한다. 현재 상황은 피차간에 허물 대신 공통점이 더 많은 것이다. 그러므로 그 추방은 억울하거나 서글픈 것이 아니라 '즐거운'이라는 형질을 갖는다.

초월은 높이 올라가거나 다 벗어던지는 것이 결코 아니다. 시인은 "비좁다 비집고 올라간다/아우성 가득한 대가리를 치받으며 기어오른" 콩의 "아무것도 아닌 것을/아무것도 아닌 것이 아니게"(「허물 벗어던진 콩」) 살아야 한다는 정언 명령을 듣는다. 하지만 그것이 어쩌면 "뿌리에 집중하느라/열매 맺는 걸 잊는"(「아이러니」) 일일 수도 있음을, 시인은 이미 잘 알고 있다.

강 상류에 다다른 연어가
가쁜 숨을 몰아쉬며 서서히 숨이 잦아들 때

붉은빛이, 물속에서, 올려다본다

살점을 다 털린 연어가 강물을 따라 떠내려간다
붉은빛이 그 뒤를 따른다

겨우내 흰 눈이 쌓이고 또 쌓인다

강은,
붉은빛을 감추려고
안으로 안으로 결박을 맨다

아무도 연어의 눈물을 보지 못한다

—「붉은빛」 전문

나근희 시인의 초월은 '붉은빛'이다. 생기의 교환이고 영원처럼 이어질 생명의 사슬에 속한다. 생명을 건네준 것이나, 후대를 지속했다는 긍지보다 "살점을 다 털린 연어가 강물을 따라 떠내려"갈 때 그 뒤를 따르는 '붉은빛', 흰빛의 차가움을 뜨겁게 덮고도 남는 그 애잔한 붉은빛을 바라보는 데 있다. 슬픔을 건너는 방법은 오래 지켜보는 이의 뜨거워지는 가슴속에 있다. 이런 견자(見者)의 자세를 유지하는 한 나근희 시인의 시작(始作) 혹은 시작(詩作)은 오래 지속될 것이다.

이 도서의 국립중앙도서관 출판시도서목록(CIP)은 서지정보유통지원시스템 홈페이지(http://seoji.nl.go.kr)와 국가자료공동목록시스템(http://www.nl.go.kr/kolisnet)에서 이용하실 수 있습니다.(CIP제어번호: CIP2020012710)

문학의전당 시인선 0321

즐거운 추방

초판 1쇄 인쇄 2020년 4월 1일
초판 1쇄 발행 2020년 4월 8일
지은이 나근희
펴낸이 고영
책임편집 이리영
디자인 헤이존
펴낸곳 문학의전당
출판등록 제448-251002012000043호
주소 충북 단양군 적성면 도곡파랑로 178
전화 043-421-1977
전자우편 sbpoem@naver.com

ISBN 979-11-5896-462-7 03810